Design-Klassiker

Verlag form

Elke Trappschuh

Der Bürodrehstuhl von Klaus Franck und Werner Sauer

FS-Linie: Noch nie gesehen oder gehört? Schon gar nicht auf dem Klassiker-Parkett? Ersteres ist eher unwahrscheinlich; denn seit seiner Premiere anno 1980 auf der Büromöbelmesse Orgatechnik in Köln, wo *FS* das Branchenthema Nummer eins war, hat der Hersteller Wilkhahn mit diesem Stuhlpogramm nicht nur Designauszeichnungen von Hannover bis Tokio geerntet, sondern auch sage und schreibe 1,7 Millionen Exemplare verkauft – weltweit und an die besten Adressen. Letzteres indes mag dennoch angehen; denn in den populären Klassiker-Repertoires der Magazine und Buchverlage kommt *FS* in der Regel nicht vor – obwohl dieser Stuhl mit seiner „Reife der Gestaltung" alle Kriterien von Innovation bis Langlebigkeit erfüllt, mit denen der Klassiker unter den Klassiker-Publikationen, der *Schöner Wohnen*-Band über „Möbel, die Geschichte machen", im Design die kommerzielle Spreu vom kulturellen Weizen trennt. [1]

Vorhergehende Seite: Eine starke Verbindung: Seit der gemeinsamen Entwicklung des *FS*-Stuhls vor rund 20 Jahren sind die Designer Klaus Franck (links) und Werner Sauer (rechts) ein eingeschworenes Team, bis heute.

Skizzen der *FS*-Linie, die im Herbst 1980, fast gleichzeitig mit der Premiere des Stuhls, den Titel der Dokumentation *FS-Linie. Eine Idee wird zum Programm* schmückten. Bemerkenswert bei genauerem Hinsehen: Die schriftlichen Anmerkungen verweisen nur auf die Federarmlehne. Noch also ist sie das konstruktive Spannungselement. Kurz darauf wird diese Schlüsselfunktion der hier noch gar nicht erwähnte (aber bereits vorhandene) seitliche Bügel übernehmen. Und ebenfalls interessant: Die Kontur des Sitzes – ob gerundet oder eckig – scheint noch nicht endgültig definiert.

Ein Klassiker also, der dennoch keiner sein soll. Oder jedenfalls nicht als solcher wahrgenommen wird. Wie das? Da der Stuhl selbst keinerlei Schwachpunkte aufweist, gibt es für diese Ungereimtheit nur eine Erklärung: die Produktgattung ist schuld. *FS* ist nämlich nicht einfach ein Stuhl, sondern ein Bürostuhl – und damit zu Hause in einem „Niemandsland", das Sekretärinnen und Buchhalter Punkt fünf und die Designer und Designhistoriker am liebsten rund um die Uhr vergessen und verdrängen – seltene Ausnahme: der *Büro*-Band von Elisabeth Pelegrin-Genel, in dem man auch einen Abriß der Bürogeschichte findet. [2]

Typisch für die generelle Lage dagegen: die jüngst erschienene, gut anderthalb Jahrhunderte umfassende Stuhl-Bestandsaufnahme von Charlotte und Peter Fiell. 1000 Stühle sind hier verzeichnet, doch nur 33 davon sind Bürostühle. [3] Eine eklatante Fehleinschätzung der ganzen Gattung, bei der es denn auch kaum noch verwundert, daß der erste bedienungsfreie Stuhl mit Synchronmechanik, der die Aufrüstung des Arbeitsstuhls zur komplizierten, mit vielerlei Hebeln, Rädern und Einstellknöpfen ausstaffierten Sitzmaschine wieder auf ein natürliches Menschenmaß zurückführte, hier nicht vorkommt. Er hieß *FS*, benannt nach den beiden Designern Klaus Franck und Werner Sauer.

Ein Stuhl, der Geschichte machte. Stolz konstatierte Wilkhahn ein Jahrzehnt nach der Premiere, daß *FS* „weltweit zum Vorbild für eine neue Bürostuhlgeneration" geworden sei. [4] Auch wenn die Synchronautomatik, die die Stellung von Sitz und Lehne nicht nur diversen Haltungen, sondern flexibel den Bewegungen des Menschen anpaßt, noch heute eher die Ausnahme als die Regel ist, so sind die

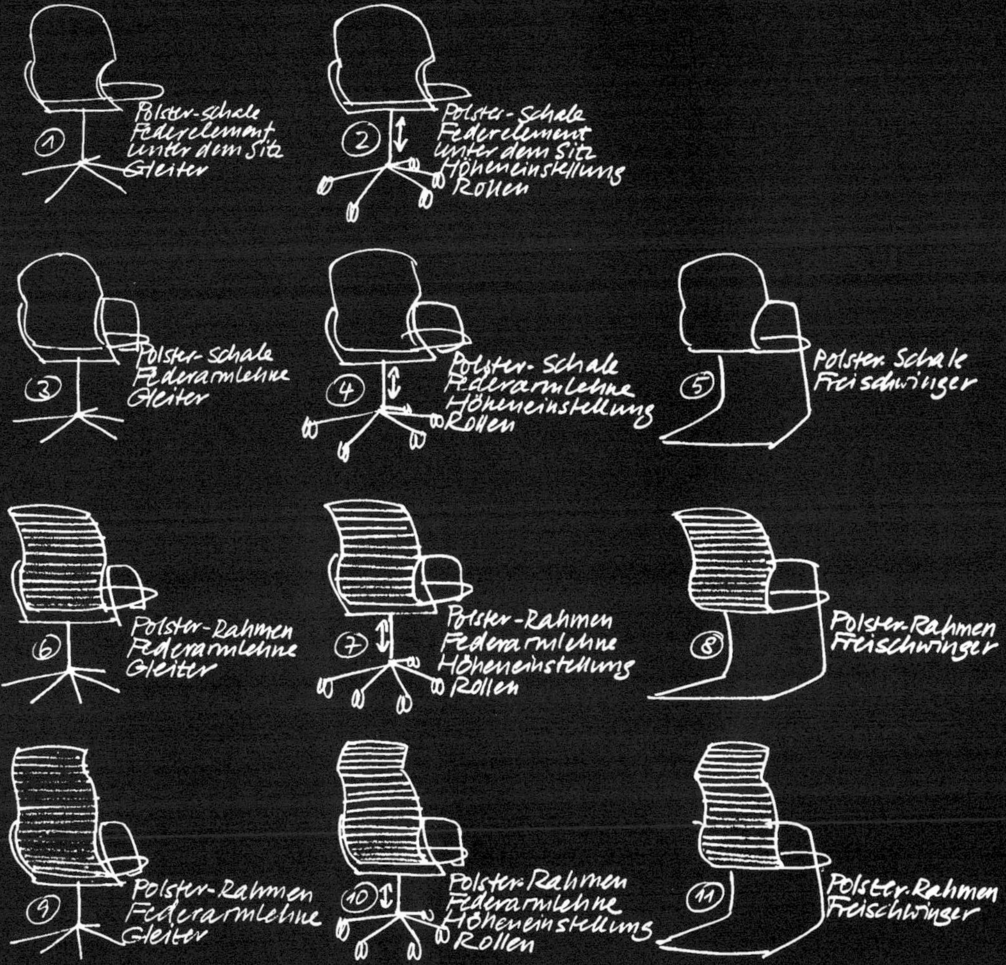
1
Polster-schale
Federelement
unter dem Sitz
Gleiter
2
Polster-Schale
Federelement
unter dem Sitz
Höheneinstellung
Rollen
3
Polster-Schale
Federarmlehne
Gleiter
4
Polster-Schale
Federarmlehne
Höheneinstellung
Rollen
5
Polster-Schale
Freischwinger
6
Polster-Rahmen
Federarmlehne
Gleiter
7
Polster-Rahmen
Federarmlehne
Höheneinstellung
Rollen
8
Polster-Rahmen
Freischwinger
9
Polster-Rahmen
Federarmlehne
Gleiter
10
Polster-Rahmen
Federarmlehne
Höheneinstellung
Rollen
11
Polster-Rahmen
Freischwinger

Zeiten der Maschinenmonster mit den dicken Beutel-Karosserien unter dem Sitz und die Zeiten des Kundenfangs mit unsinnig überzogenen Leistungsversprechen doch unwiderruflich vorbei.

Gegen die höchstpersönliche Erfahrung der längst auch wissenschaftlich untermauerten Einsicht, daß der Mensch „nicht fürs Sitzen geschaffen“ und „regelmäßiges längeres Sitzen gesundheitsschädlich“ ist, [5] konnten sie ohnehin nicht feien. Die Statistik bestätigt's. Bei den rund 12 Millionen deutschen Büroarbeitern, die angeblich 80.000 Stunden ihres Lebens im Sitzen verbringen, fallen 3 Millionen Krankmeldungen pro Jahr an; und Probleme mit der Wirbelsäule und den Knochen stehen gleich hinter Erkältungskrankheiten auf dem zweiten Platz [6] – von anderen typischen Dauersitzschäden wie Kreislauf- und Stoffwechselstörungen ganz zu schweigen.

Werner Sauer demonstriert in einer Zwei-Phasen-Aufnahme von Arbeits- und Entspannungshaltung die enorme Flexibilität des innovativen einteiligen Kunststoff-Schalensitzes.

Dagegen hilft, wie man heute jeder Magazingeschichte über das Büro von morgen entnehmen kann, nur eins: Bewegung – etwa derart, daß man abwechselnd am Tisch und Stehpult arbeitet. Dumm nur, daß die gängige Büroeinrichtung dem (noch) keine Rechnung trägt, und daß die elektronische Vernetzung eher in die Gegenrichtung weist: Starr wie das Kaninchen vor der Schlange hockt der Kopfarbeiter heute vor dem Alleskönner PC. Ergo: Wenn schon kein bewegtes Büroleben, dann wenigstens „Bewegungssitzen“, denn „ein Stuhl, der sich bewegt, ist besser als ein starrer Stuhl.“ (Sauer).

Wenn man dem Kulturhistoriker (und Sitzkritiker) Hajo Eickhoff folgt, [7] dann ist das Sitzen auf Hilfsmitteln wie Hocker und Stuhl menschheitsgeschichtlich eine relativ

Die ersten schematischen Skizzen lassen noch nichts von der späteren Form des *FS*-Stuhls ahnen. Sie sind bezeichnend für die Entwurfsmethode von Franck/Sauer: Am Anfang stand keine gestalterische Vision, sondern die sachliche Erkundung der funktionalen und konstruktiven Ansätze. In den simplen Strichzeichnungen unten links zum Beispiel werden die alternativen, konstruktiven Verbindungen von Gestell und Sitz – zentrale oder seitliche Anbindung – durchgespielt.

junge (nachgewiesen erst seit knapp 5000 Jahren), keineswegs in allen Kulturkreisen übliche und sogar in der Geschichte des Abendlands verblüffend spät etablierte Gepflogenheit. Noch die Zeitgenossen von Walther von der Vogelweide pflegten nicht anders als die Nomaden zu sitzen: „Das Knien und Kauern und das Hocken mit angezogenen Beinen auf dem Boden bilden im Mittelalter die üblichen Leibeshaltungen.“ [8] Erst im 16. Jahrhundert beginnt im Abendland die Stuhlzivilisation, d. h. die Etablierung des Stuhls als profanes Grundmobiliar von jedermann. Und damit auch jene gegenseitige Prägung von Mensch und Gerät, die den Menschen laut Eickhoff vom Homo sapiens zum Homo sedens und schließlich zum passiven Homo sedativus verformte und ihn in atemberaubendem Tempo immer neue, bequemere Sitzgelegenheiten austüfteln ließ.

Die Folgen: Es gibt wohl keinen Gegenstand, der im Design eine so prominente Rolle spielt wie der Stuhl. Jede Möbelmesse unterstreicht es mit Masse, jede Designgeschichte mit Klasse und der ganz normale Alltag mit einer Artenvielfalt, als ob Sitzen mittlerweile der Gattungsbegriff für eine Unmenge von Spezialdisziplinen wäre: Küchenstuhl, Bürostuhl, Zahnarztstuhl; Klappstuhl, Liegestuhl, Schaukelstuhl; Kinderstuhl, Armlehnstuhl, Ohrensessel; Autositz und Rollstuhl, Flugzeugsessel und Schleudersitz…

Sobald es um die ideelle Wertschätzung geht, ist die funktionale Ausdifferenzierung freilich vergessen. Um so mehr zählt dann die ästhetische und soziale Differenzierungsfunktion, die Ettore Sottsass zu der augenzwinkernden Feststellung veranlaßte: „Beim Stuhl muß es sich im

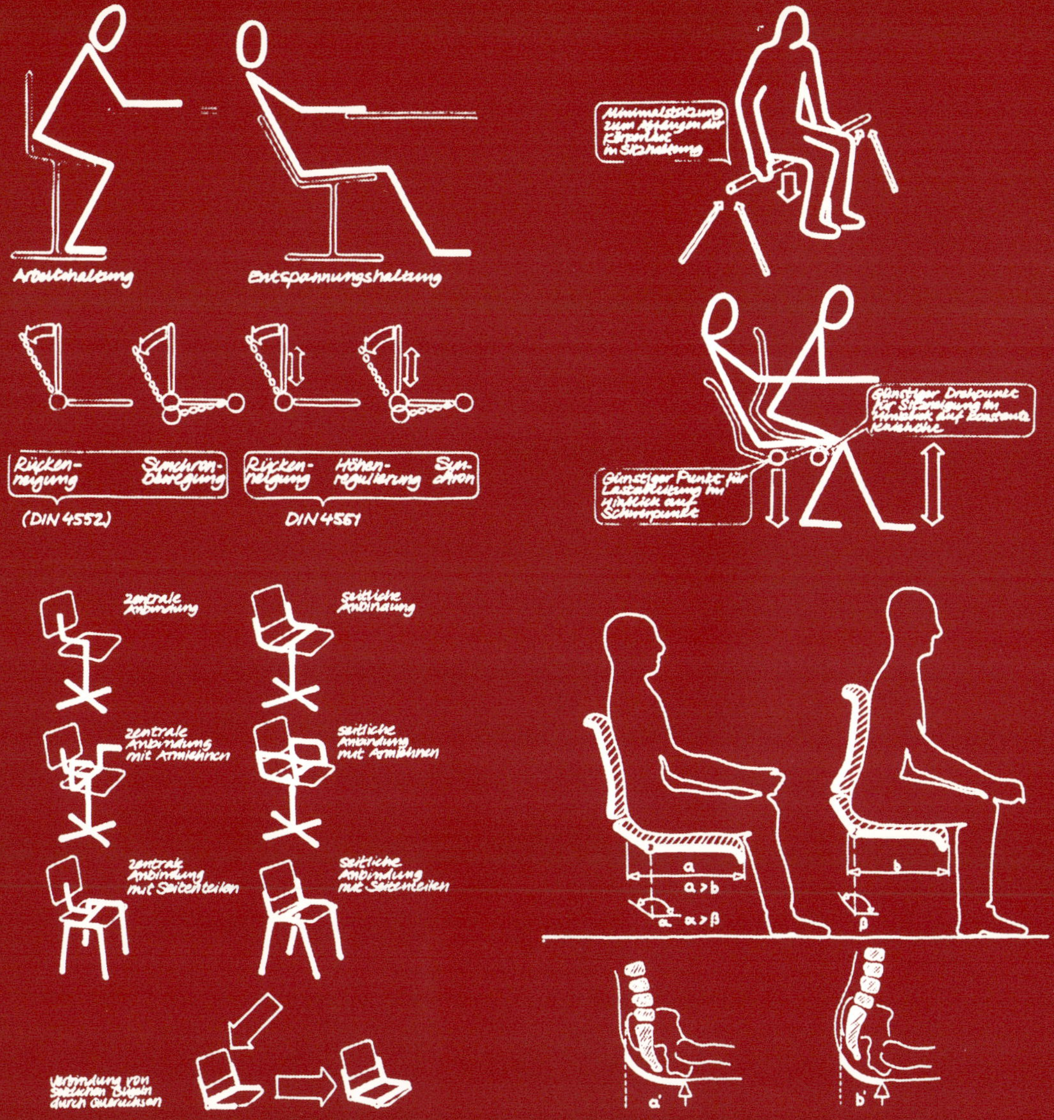

Arbeitshaltung
Entspannungshaltung
Rücken-neigung
Synchron-bewegung
(DIN 4552)
Rücken-neigung
Höhen-regulierung
Syn-chron
DIN 4561
Minimalstützung zum Abfangen der Körperlast in Sitzhaltung
Günstiger Drehpunkt für Sitzneigung im Hinblick auf konstante Kniehöhe
Günstiger Punkt für Lastableitung im Hinblick auf Schwerpunkt
zentrale Anbindung
seitliche Anbindung
zentrale Anbindung mit Armlehnen
seitliche Anbindung mit Armlehnen
zentrale Anbindung mit Seitenteilen
seitliche Anbindung mit Seitenteilen
Verbindung von seitlichen Bügeln durch Querachsen
a
b
a > b
α
β
α > β
a'
b'

kommunikativen Sinn um einen sehr wichtigen Gegenstand handeln." [9] Von Thonets bughölzernem Kaffeehausstuhl Nr. 14 (1859) über Marcel Breuers Stahlrohrkonstruktionen der zwanziger, Charles Eames' organisch gemuldete Sitzschalen der vierziger und Verner Pantons im doppelten Wortsinn vollplastische Sitzskulptur der sechziger Jahre bis hin zu Jasper Morrisons post-postmoderner Wiedererweckung des Stuhls an sich (*Ply Chair*, 1989): Immer wieder fühlten Designer sich herausgefordert, den Stuhl im Geist ihrer Zeit neu zu „erfinden". Und stets aufs Neue gelangen ihnen Meisterwerke, die mehr als nur bequeme und schöne Sitzgelegenheiten waren. Oder mehr bedeuteten. Stühle avancierten zu kulturhistorischen Ikonen, in denen sich Stil und Lebensstil einer Epoche prägnanter verdichteten als im Gros der Zweck- und Nutzobjekte, und seien sie noch so unausweichliche Marksteine des technischen Fortschritts.

Schon in der Mitte des 19. Jahrhunderts wurde in den USA eine Kreuzung von Dreh- und Schaukelstuhl entwickelt, zunächst für den Privatbereich. Im Jasper-Stuhl 980 mit der Wippmechanik unter dem Sitz, dem berühmtesten und noch heute in US-Gerichten und -Bibliotheken weitverbreiteten Erfolgsmodell der 1920 gegründeten Jasper Seating Comp., findet die spezifisch amerikanische „zwanglose, federnde Art des Sitzens" (S. Giedion) noch im 20. Jahrhundert ihren traditionellen Ausdruck.

Eine kolorierte Funktionszeichnung veranschaulicht die Konstruktion und Flexibilität der Synchronautomatik, bei der sich mit der Veränderung der Sitzposition auch der Neigungswinkel zwischen Sitz und Rückenlehne automatisch verändert, sprich: öffnet.

Kreuzung von Dreh- und Schaukelstuhl

Ganz anders Bürostühle. Als Zwitterwesen, halb Möbel, halb Instrument, haben sie ihre eigene Tradition. Es ist die Geschichte des mechanischen Stuhls oder des Stuhls als Sitzmaschine. Sie beginnt, wie Siegfried Giedion, einer der wenigen Anhänger dieses Möbeltyps, nachgewiesen hat, [10] erheblich später als die Büroarbeit (an deren Anfang in unserem Kulturkreis die Schreibstuben der mittelalterlichen Mönche und die Kaufmannskontore stehen), aber früher als die Industrialisierung der Büroarbeit, die mit der Verbreitung der Remington-Schreibmaschine in den späten siebziger Jahren des 19. Jahrhunderts einsetzte. Frühe Vorläufer des Bürostuhls, ausgerüstet bereits mit einer flexiblen

Rückenlehne, fand Giedion einerseits in einem französischen Schreibtischstuhl der Zeit um 1730, [11] andererseits in einem 1853 patentierten amerikanischen Dreh-Schaukelstuhl auf einem Mittelfuß mit Kufen unter dem Sitz, der eine neue Form von federndem Sitzen erlaubte. [12] Ein für das 19. Jahrhundert typisches Ingenieurdesign, das übrigens, ähnlich wie 100 Jahre später die Eames'schen Aluchairs (die ursprünglich auch Leisure Group/Freizeit-Gruppe genannt wurden), nicht für die Arbeitsfron, sondern für den Feierabend erfunden worden war; sozusagen ein mechanisierter Schaukelstuhl. Unser Schreibtischstuhl entstand also, was manchen überraschen mag, durch eine „Kreuzung" von Drehstuhl und Schaukelstuhl. [13]

Was im 18. Jahrhundert mit unbefangener Verwissenschaftlichung begann – die Umrüstung des steifen Schreinermöbels zur physiologisch reaktiven Ingenieurmaschine –, mündete Ende des 19. Jahrhunderts, im Gleichschritt mit der Technisierung und Rationalisierung der Büroarbeit durch Schreibmaschine, Rechenmaschine und Telefon, in einem janusköpfigen Utilitarismus. Der Komfort des Arbeitsinstruments Stuhl diente bald nur noch der Instrumentalisierung des Menschen zum effizienten Produktionsfaktor, Motto: Je weniger Energie für die Arbeitshaltung draufgeht, um so mehr fließt in die Arbeitsleistung ein. Das Stuhl-Standardrezept: Mittelfuß mit mindestens drei Auslegern, höhenverstellbarer Holzsitz, senkrechte Schiene mit höhenverstellbarem Brettchen für die Abstützung der Wirbelsäule.

Zunächst speziell auf die Haltung der Tippfräuleins zugeschnitten – während die männlichen Amtsträger einen mehr

Bereits im Modellkatalog von 1873 verzeichnet und bis ins 20. Jahrhundert hinein angeboten: Thonets Drehfauteuil Nr. 1 (Modell 5501). Allein durch den Drehfuß wurde hier aus einem normalen Armlehnstuhl ein Bürostuhl gemacht. Mehr Wert als auf die arbeitsgerechte Gestaltung des Sitzes legte man damals auf die Tauglichkeit des Fußes. Weil in den Büros des 19. Jahrhunderts häufig an Pulten gearbeitet wurde, gab es diese Arbeitssessel in drei Höhen.

Eines von vielen Versuchsmodellen im Maßstab 1:1. Mit diesem wurden das Verhalten der Torsionsfeder und der in der Biegezone kräftig ausgebuchteten Sitzschale getestet.

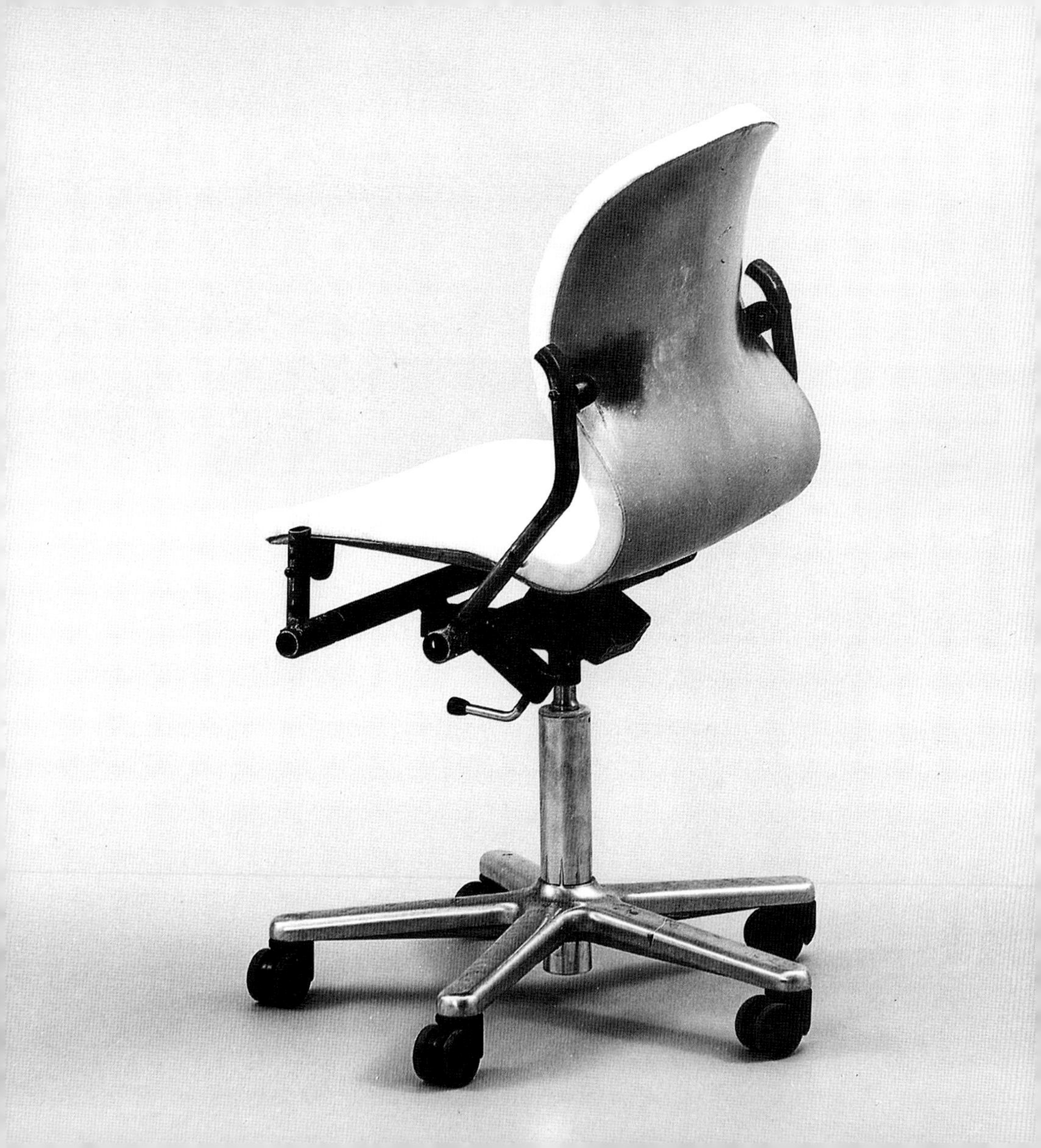

oder minder gängigen Fauteuil auf Mittelfuß besaßen –, markiert der Schreibmaschinenstuhl Ende des 19. Jahrhunderts das traurige Ende aller Sitzerfindungen. Was seiner Verbreitung indes keinen Abbruch tat. Kaum verändert diente der Typ der rasant wachsenden neuen Klasse der Angestellten bis nach dem Zweiten Weltkrieg, ohne daß Ingenieure oder Designer auch nur ein Fünkchen Phantasie auf seine Verbesserung oder Verschönerung verschwendet hätten. Als anonymes Produkt für anonyme Massen entsprach sein Image genau dem der Arbeitswelt Büro: Inbegriff von verstaubter Bürokratie, unproduktiver Lohndienerei und kleingeistiger Rang- und Hackordnung – was sich noch heute in einer (intern streng beachteten, extern schlicht verlachten) hierarchischen Staffelung vom simplen Grundmodell bis zum sprichwörtlichen Chefsessel niederschlägt. So wie Frank Lloyd Wright, der das 1904 errichtete Verwaltungsgebäude der Larkin Company als Gesamtkunstwerk auffaßte und auch die Drehstühle mit Rohrgeflecht, ja sogar einen schwenkbaren, an den Schreibtisch gekoppelten Stuhl entwarf, [14] haben sich Designer und Architekten sonst nicht auf diesen banalen Vetter ihres Lieblingsobjekts Stuhl eingelassen. Selbst die maschinenbegeisterten Funktionalisten der zwanziger Jahre begnügten sich damit, ihre Technik- und Fortschrittseuphorie in einer nüchternen Materialästhetik, bevorzugt Stahlrohr, an traditionellen Typen auszuleben – siehe Marcel Breuers gern als Sitzmaschine bezeichneter *Wassily*-Sessel.

Erst in den fünfziger Jahren avancierte das Büro zum „Studienobjekt" [15] und wurde mitsamt seinen Gerätschaf-

Das *FS*-Top-Modell 218/61 mit Fußhocker 219/31: ein Versuch, den mit schwarzem Leder gepolsterten Komfortsessel auch als Lounge Chair zu etablieren. Doch während bei der Alu-Gruppe von Charles Eames erfolgreich die Verpflanzung aus dem Freizeit- in den Bürobereich gelang, klappte der umgekehrte Weg, die nachträgliche „Privatisierung" des Büromöbels, in diesem Fall nicht – der Fußhocker ist aus dem Programm verschwunden.

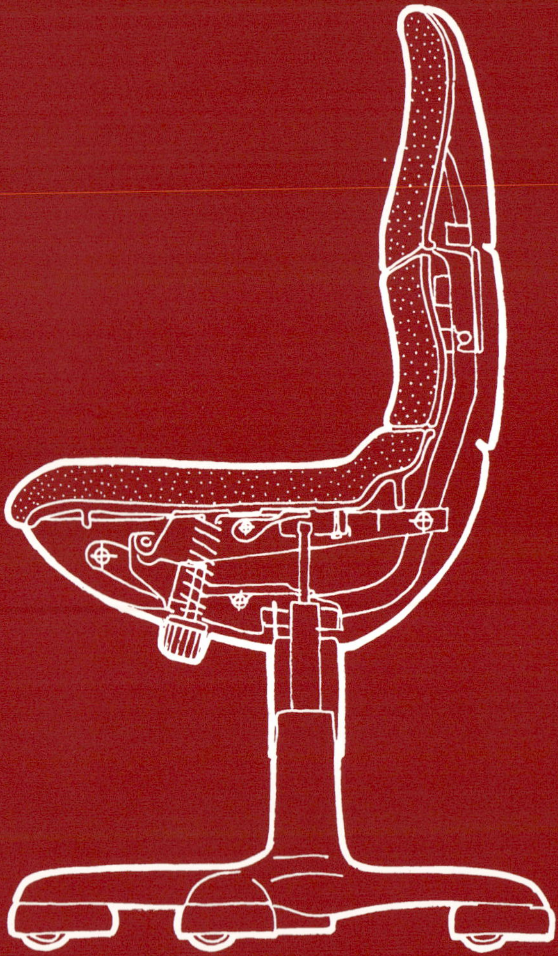

"Ergomat 190"
(Mauser)

verschalte
Synchronmechanik

ten auch für die Designer interessant, die sich nun überhaupt in den industriellen Produktions- und Innovationsprozeß einzuklinken begannen. Exakt anno 1950 (in dem Jahr, in dem Olivetti Marcello Nizzolis *Lettera* herausbrachte, die erste aktenkundige „Designer-Schreibmaschine"), fand in Cambridge jene Tagung statt, auf der ein Schlüsselbegriff für die künftige Gestaltung der Arbeitswelt erfunden worden sein soll: das aus den beiden griechischen Wörtern *ergon* (Arbeit, Leistung) und *nomos* (Gesetz, Regel) kontrahierte Wort Ergonomie. [16] Als neue Spezialdisziplin der Arbeitswissenschaft, zuständig für die Anpassung des Arbeitsplatzes an den menschlichen Organismus, sollte die Ergonomie bald wie eine Zauberformel die Runde machen – diesmal nicht nur mit Tayloristischem Blick auf die menschliche Leistungsoptimierung, sondern auch unter dem Stichwort Humanisierung der Arbeitswelt. Ihren fragwürdigen Gipfel erreichte die Ergonomie-Euphorie in den siebziger Jahren (jedenfalls in Deutschland). Ihr Lieblingsobjekt hieß Bürostuhl. Und da die Bürokraten, sprich: das 1973 gegründete Deutsche Institut für Normung (DIN), das neue Bewußtsein flugs in Vorschriften umsetzten, brachte die Ergonomie den Stuhlmarkt ökonomisch kräftig in Bewegung.

Ergomat 190 von Mauser: ein typisches Beispiel für die Sitzmaschinen der ergonomiebesessenen siebziger Jahre, die in der Hängebauch-Karosserie unter dem Sitz eine Fülle von mechanischen Regulierungseinrichtungen verbargen. Bei der Konzeption des _FS_-Stuhls waren sie allgegenwärtig als negative Folie.

Funktionalismus in Reinkultur

Auch *FS* entstand unter dem Vorzeichen dieser ergo-ökonomischen Dynamisierung. Zugleich allerdings im Widerspruch zu all den Nebeneffekten, die eine Heilsbotschaft so hat, wenn sie zu Markte getragen wird. Nicht genug damit, daß die Hersteller nun jedem „Schreibtischtäter" boten, was ihm laut DIN-Norm 4551 an höchstpersönlichem Aktionsradius zusteht (z. B. Verstellbarkeit der Sitzhöhe zwischen 42 und 50 cm, höhenverstellbare Rückenlehne zwischen 18 und 25 cm, eine Sitztiefe zwischen 48 und 42 cm [17] sowie ein fünftes Bein am Mittelfuß); mit wissenschaftlicher Attitüde begannen sie zudem, DIN und sich gegenseitig zu übertrumpfen. Das Bürostuhldesign verfiel total jenem Aufrüstungswahn, den der amerikanische Psychologe Donald A. Norman vor ein paar Jahren als „Seuche der Leistungsmerkmale" angeprangert hat. [18] Bezeichnend eine *form*-Kontroverse aus dem Jahr 1974: Empört protestierte der Ergonom Ulrich Burandt gegen die angebliche Wissenschaftlichkeit, mit der hier zwei Stuhlnovitäten wie das Ei des Kolumbus schmackhaft gemacht wurden (sogar eine 40prozentige Steigerung der Arbeitsleistung wurde versprochen). Eine davon war ein Sitzhybride mit vier Einstellhebeln für angeblich sechs Funktionssteuerungen. [19] Mit Namen wie *Ergo-Style* (herausgebracht von Drabert) geriet die Ergonomie endgültig auf die Ebene des suggestiven Marketings. [20]

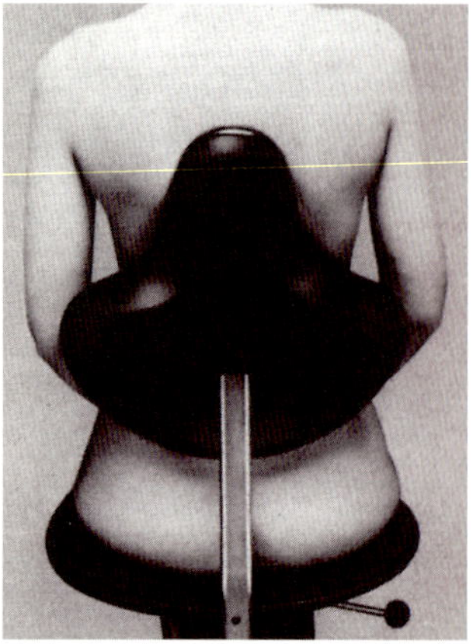

Als „Bürostuhl nach wissenschaftlichen Untersuchungen" empfahl Drabert anno 1974 den zeittypischen ergonomischen Leistungsträger namens *Relax-o-flex-Stuhl* (Des.: D-Team-Design) mit höhenverstellbarer Rückenlehne. Bei der Bürostuhl-Generation von heute dominiert der durchgehende Rücken, die Höhenverstellbarkeit spielt keine Rolle mehr – wie beim *FS* schon 1980.

Vier unterschiedliche Polstervarianten und dennoch unverkennbar *FS*: „Durchdringung des Produktsystems mit einheitlich gestalteten, sichtbaren Funktionselementen" lautete eine der Vorgaben bei der Entwicklung der *FS*-Linie.

Wie absurd das Ansinnnen war, die maßgeschneiderte Anpassung dem Benutzer zu überlassen, weiß jeder, der einmal an diesem Hebel und jenem Rädchen herumgefummelt hat: Die mechanischen Veränderungen sind nicht nachvollziehbar. Noch absurder allerdings: Viele kapitulierten von vornherein. „Schwierig zu handhabende Technik wird ignoriert", [21] konstatierte Burandt 1978 in seiner für Wilkhahn erstellten Studie *Grundlagen des Sitzens*. Sein Resümee: Viele Verstellvorrichtungen sind überflüssig, Versuche der synchronen Koppelung von Sitz und Rücken-

Wilkhahn sitzt. So oder so.

lehne sind „in der Praxis gut angekommen", von der Ergonomie aber „noch nicht näher untersucht". [22]

Im selben Jahr begannen die Wilkhahn-Designer Klaus Franck und Werner Sauer mit der *FS*-Entwicklung: gestützt auf die Erkenntnisse der Ergonomen (vor allem Etienne Grandjean und Ulrich Burandt); ausgestattet mit dem Know-how der vorangegangenen Wilkhahn-Stuhlentwicklungen (wobei besonders das futuristisch anmutende Modell 237 von Delta Design, das bereits mit einer Synchronmechanik ausgestattet war und im Haus den Spitznamen „DIN-Stuhl" hatte, und der Stuhl 190 von PER Roericht/Fleischmann zu nennen sind); und, last, not least, eingeschworen auf ein Designverständnis, dessen Leitbegriffe „Funktion, Ästhetik, Technologie" heißen – „wobei die Funktion an erster Stelle steht", betont Franck. „Das heute noch beliebte Verfahren, daß eine Firma die fertig entwickelte Mechanik kauft und dann das eigene Design drüberstülpt", war für Wilkhahn wie für seine Designer nie eine Versuchung – genausowenig wie der künstlerisch expressive Designansatz, mit dem die Avantgardisten von *Alchimia* (gegr. 1976) und *Memphis* (Premiere 1981) etwa zur selben Zeit die Postmoderne im Design einläuteten. Von modischem Styling ebensoweit entfernt wie von individualistischer Stilkunst, repräsentiert der *FS*-Stuhl genau das, was die Avantgarde damals attackierte: Funktionalismus in Reinkultur.

So hat *FS* denn auch nicht nur Geschichte gemacht als erster bedienungsfreier Bürostuhl mit Synchronautomatik – was Wilkhahn auf den pfiffigen Slogan „Sitzen ohne Führerschein" brachte. *FS* ist zugleich ein Paradebeispiel für

Wilkhahn-Anzeige aus dem Jahr 1983. So knapp und sinnfällig wie der Slogan „Wilkhahn sitzt. So oder so." unterstreicht das Bild – *FS*-Modelle in einem abstrakten Raum, der zugleich eine typische Situation imaginieren läßt – die Botschaft: Chefsessel hier, Besucherstuhl da – in der Sitzqualität gibt es keinen Unterschied. Punktum.

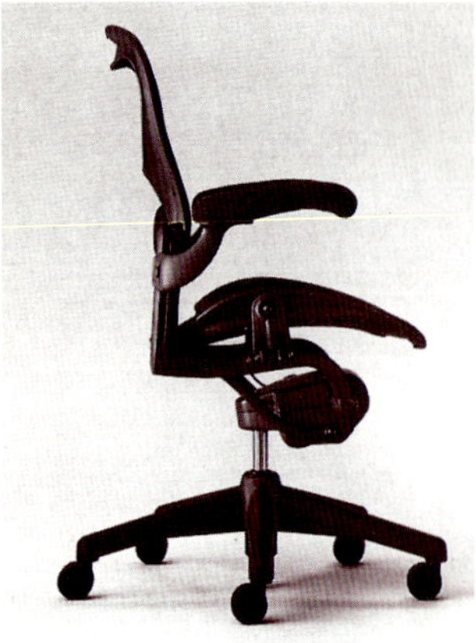

Mit *Aeron* und seiner kruden Maschinen-Aura sorgten die beiden amerikanischen Designer William Stumpf und Don Chadwick für ein spektakuläres Revival der „Sitzmaschine". 1992 bei Herman Miller in den USA herausgekommen, stürzte der konzeptionell, technisch und ästhetisch ungewöhnliche und gewöhnungsbedürftige Stuhl 1994 in Deutschland auf der *Orgatech* die Fachwelt in heiße Kontroversen.

Ein Blick unter den Sitz macht klar, was Wilkhahn mit dem kecken Slogan „Sitzen ohne Führerschein" meinte: Das einzige Bedienungselement ist eine Drehscheibe, mit der man über die Doppelfeder – eine zum Vorspannen, eine für die individuelle Feineinstellung – den Widerstand der Rückenlehne steuert.

Design nach der vielzitierten Sullivan-Losung „form follows function". Und ein leibhaftiger Gegenbeweis für die These, daß der Primat der Funktion auf Kosten der ästhetischen Ausdruckskraft gehe. Zwei charakteristische Hauptmerkmale heben den Stuhl auf den ersten Blick aus der Masse seiner Artgenossen hervor. Und beide sind funktional und konstruktiv bedingt. Die betont zylindrisch geformte Beuge verleiht der Polypropylen-Sitzschale die Biegsamkeit, so daß sich der Winkel zwischen Sitz und Lehne beim Zurücklehnen öffnen kann. Und der Schwenkbügel verbindet die Sitzschale sowohl mit der Zentralachse des Untergestells wie auch mit der unter dem Sitz angebrachten Doppelfeder, konkret: Er überträgt die Federkraft und steuert damit den Widerstand der flexiblen Rückenlehne, so daß diese je nach Einstellung härter oder weicher nachgibt und sich, sobald sie nicht belastet wird, automatisch in die Ausgangsposition zurückbegibt.

Daß die Designer sich für den Bügel, das heißt für eine seitliche Anbindung des Sitzes an den Fuß entschieden (statt, wie bei Drehstühlen meist der Fall, von der Mitte des Untergestells aus Rücken und Armlehnen anzubauen), hat ebenfalls einen funktionalen Grund, wenngleich diesmal nicht auf die Physis des Be-Sitzers, sondern auf die unternehmerische Marktstrategie bezogen. Als Wilkhahn Ende der siebziger Jahre die Entwicklung eines neuen Bürostuhlprogramms ins Auge faßte, wünschte man nicht nur ein neues Möbel, sondern eine sogenannte Produkt-Linie „mit einer durchgängigen formalen Haltung" (Sauer) für sämtliche Einsatzbereiche und Typ-Varianten – vom Pförtner- bis zum Chefsessel und vom Arbeits- bis zum Besucher- und

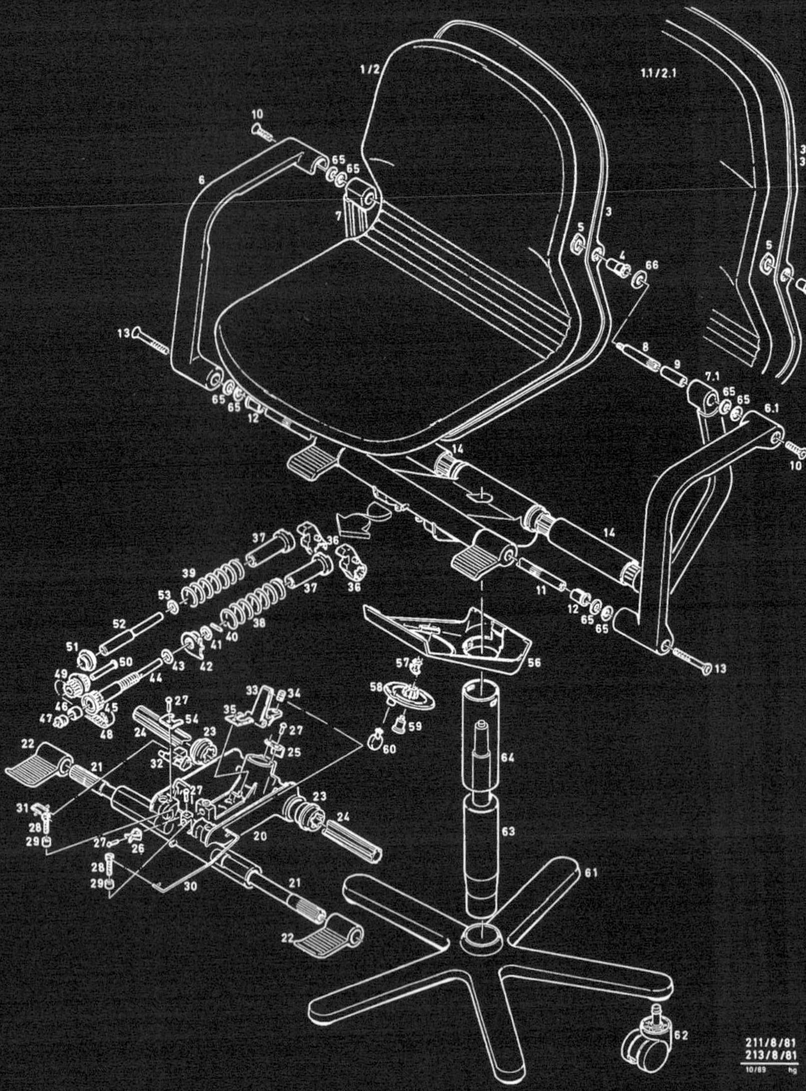
1/2
1.1/2.1
3.1/
3.2
3
4
5
6
6.1
7
7.1
8
9
10
11
12
13
14
20
21
22
23
24
25
26
27
28
29
30
31
32
33
34
35
36
37
38
39
40
41
42
43
44
45
46
47
48
49
50
51
52
53
54
56
57
58
59
60
61
62
63
64
65
66
211/8/81
213/8/81
10/89 hg

Konferenzstuhl. Da also auch Vierbeiner oder Kufenstühle zu dieser „Familie“ gehören sollten, erschien den Designern eine Konstruktion mit seitlicher Anbindung von vornherein „logischer“, sagt Franck.

Bis die komplizierte Harmonisierung von Form und Funktion erreicht war, die in der Wilkhahn-Werbung damals gern mit dem paradoxen Slogan „Erstens Funktion. Erstens Form“ berufen wurde, sollten freilich über zwei Jahre vergehen. Design, das heißt im Fall *FS* eben auch: nicht nur Objektgestaltung, sondern interdisziplinäre Produktentwicklung, ganz im Sinne der legendären Ulmer Hochschule für Gestaltung, wo die Tradition des Bauhauses nach dem Krieg zeitgemäß vorangebracht wurde. Tatsächlich führen (fast) alle Wege zu *FS* über Ulm. Und das gilt nicht nur für die beiden Designer Franck und Sauer, sondern auch für den Wilkhahn-Unternehmer Fritz Hahne.

Eines der letzten (und verworfenen) gestalterischen Zwischenstadien in der *FS*-Entwicklung: Statt des bumerangartigen Schwenkarms, der schließlich zum Erkennungsmerkmal werden sollte, sieht man hier noch den Versuch, mit einem sichelartigen Element die Verbindung von Gestell und Schale formal zu harmonisieren.

Sogenannte „Explosionszeichnung“ des *FS*-Stuhls. Die Darstellung, die sämtliche Einzelteile und ihre konstruktive Zuordnung demonstriert, dient als Fertigungsanleitung.

Ulm läßt grüßen

Hahne (geb. 1920) war es, der nach dem Krieg aus der 1907 von den Tischlern Friedrich Hahne und Christian Wilkening gegründeten, für die Region mit ihren Buchenwäldern typischen Holzstuhlfabrik Wilkening und Hahne eine der führenden deutschen „Design-Firmen“ (neben Braun, Erco, Lamy, Rosenthal) und schließlich ab den Siebzigern ein Büromöbel-Unternehmen mit weltweitem Aktionsradius und internationalem Renommee machte. [23] Über Jahre hinweg verband den unternehmerischen Spiritus rector und die Designer eine enge Zusammenarbeit unter dem Firmendach in Eimbeckhausen (Bad Münder) bei Hannover, die auf denselben Design-Essentials basierte: „Wir bemühen uns,

Dinge zu schaffen, die durchdacht, innovativ und langfristig gültig sind – Beiträge zur Kultur unserer Zeit." [24]

Anreger, Wegbereiter und Garanten seiner unternehmensphilosophischen Maxime „Wahrhaftigkeit im Design" hatte Hahne, der sich selbst eine leidenschaftliche „Neigung zu Neuem und zu mit geistigem Hintergrund belegten Aktivitäten" nachsagt, [25] schon seit den fünfziger Jahren in Ulm gefunden: zunächst in Georg Leowald und Wilhelm Ritz, dann in den Delta Designern Michael Conrad, Henner Werner und Detlef Unger, in Nick (Hans) Roericht und Herbert Ohl und schließlich auch in den Grafikdesignern Tomas Gonda, Rolf Müller und Bernd Franck, die in den Sechzigern das bis heute kaum veränderte, noch immer untadelige und frische Erscheinungsbild der Firma schufen.

Als „ein Stück Verantwortung für die Zukunft" begreift Unternehmer Fritz Hahne die Architektur. Zu den Paradebeispielen für Wilkhahns Verbindung von Unternehmenskultur und Architektur gehören die leichten, lichten Pavillons von Frei Otto, in denen seit 1988 die Polsterei untergebracht ist.

Ein echter „Ulmer", fast einer der ersten Stunde, ist auch Klaus Franck (geb. 1932). Nach dem Architekturstudium in Braunschweig war er 1955 an die HfG gekommen und hatte hier, unterbrochen von einem Brasilien-Stipendium, das Studium 1959 mit dem Diplom abgeschlossen. Die ersten Berufsstationen waren noch deutlich von der Affinität zur Architektur geprägt: drei Jahre Mitarbeit im Institut für industrialisiertes Bauen von Herbert Ohl, dem letzten HfG-Rektor; freie Arbeit als Buchautor und -gestalter (u. a. ein Hatje-Band über Ausstellungsgestaltung); 1962 bis 1970 schließlich Leiter der Gruppe Innenausbau bei der Deutschen Lufthansa, wo er für Konzeption und Gestaltung von Stadtbüros, Ausstellungen und Messeständen zuständig war. Nach einem kurzen Zwischenspiel bei Vitra folgte 1972 der Einstieg bei Wilkhahn

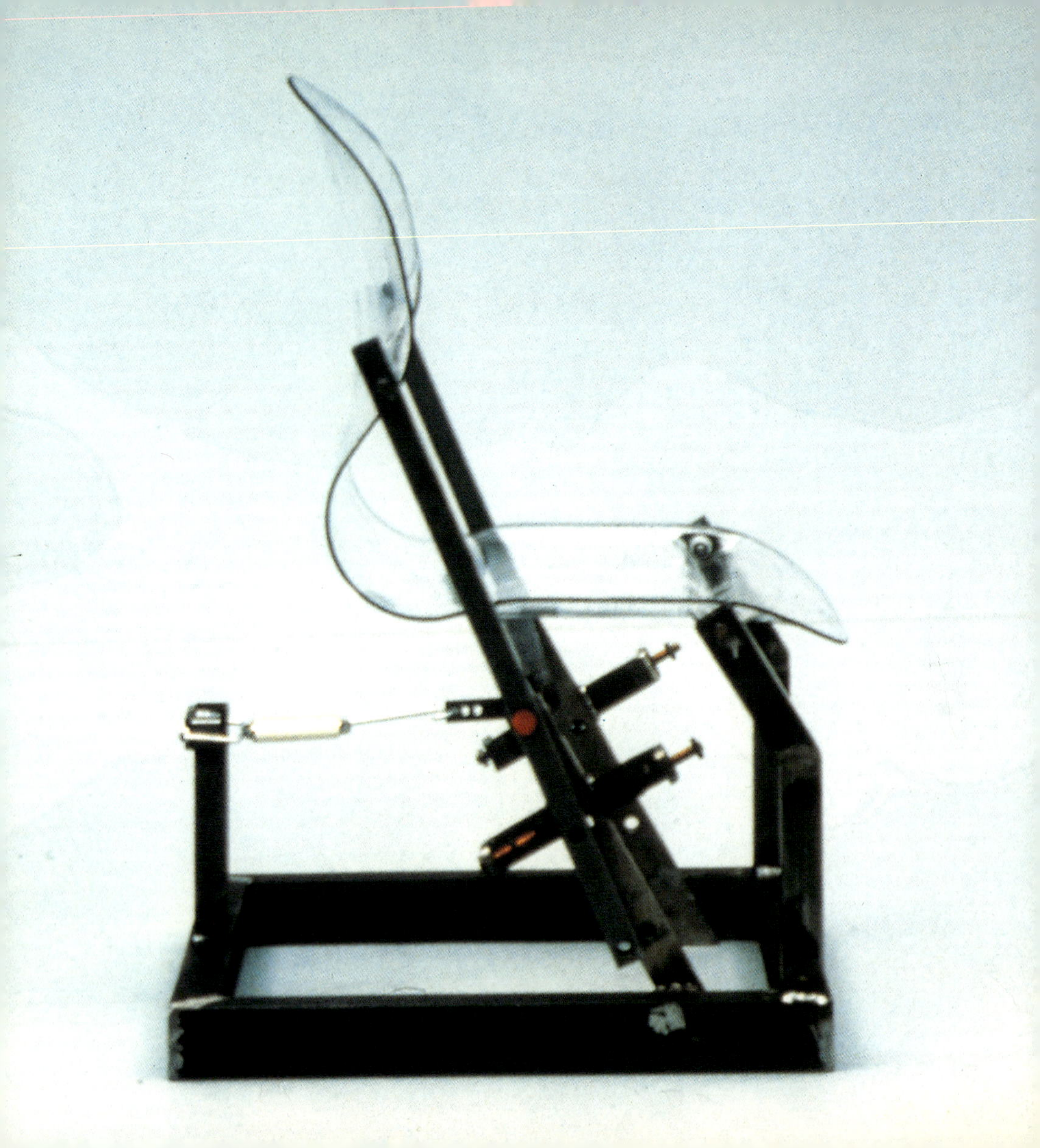

als erster festangestellter Designer – Beginn einer 21jährigen Bindung. Seine Aufgaben als Leiter der bald ausgebauten hauseigenen Design-Abteilung (die 1985 unter dem Namen „Wiege" – Wilkhahn Entwicklungsgesellschaft – ausgegliedert wurde), skizziert er so: „Koordination der Entwürfe der freien Designer, Verbindungen herstellen und pflegen, Entwürfe korrigieren und weiterentwickeln."
Also eine Mischung von Designmanagement, Mentorschaft und anonymer Produktentwicklungshilfe für Kollegen. Eigene Entwürfe zu realisieren, war ausgeschlossen. Wilkhahn arbeitete ausschließlich mit externen Designern – bis zum *FS*-Programm. Das einzige, was Franck, der bald auch die Firmengrafik mitbetreute, als ureigenes Produktdesign der frühen Zeit ausweist, ist der bis heute eingesetzte Standardfuß für die Bürodrehstühle aus der Mitte der siebziger Jahre.

Der Designer als „Hiwi", mehr der Aufgabe als der Selbstverwirklichung verschrieben, das war auch die Perspektive, mit der der junge Werner Sauer seine Wilkhahn-Karriere begann. Nach dem auf industrielle Professionalität orientierten Design-Studium bei dem zeitweiligen „Ulmer" Stefan Lengyel in Essen (Diplom 1974) und einem Zweitstudium am neuen interdisziplinären Fachbereich „Experimentelle Umweltgestaltung" in Braunschweig (Diplom 1977 mit einer Arbeit über neue Wohn- und Partizipationsformen – ein Thema, das die fortschrittlichen Köpfe in den Siebzigern so stark beschäftigte wie in den Sechzigern die Industrialisierung des Bauens) war er zunächst als Projektmitarbeiter bei der Realisierung von Herbert Ohls *O*-Stuhl, einer neuartigen Konstruktion aus Polyesternetz in drei-

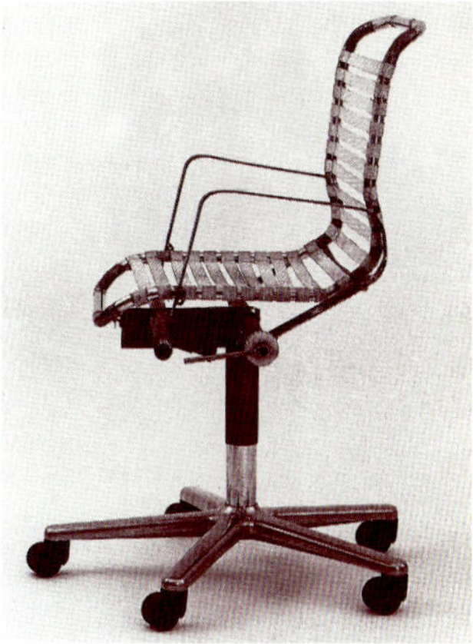

Bevor die formale Differenzierung stattfand, wurde an diversen Funktionsmodellen überprüft, ob sich die theoretischen Erkenntnisse über das „Bewegungssitzen" in der Praxis bewähren. Bei diesem Modell aus dem Jahr 1979 stand die Federarmlehne auf dem Prüfstand.

Ein bewegliches Gestell mit Sitzschale diente den Designern als Versuchsvorrichtung, um den genauen Bewegungsablauf und die Verteilung der Lasten zu bestimmen.

Unverzichtbar für ein Bürostuhlprogramm, das auf dem Markt reüssieren will: die feindifferenzierte Staffelung der Ausstattung, die der Bürohierarchie Rechnung trägt. Diese Abbildung zeigt eine *FS*-Variante für den höheren Angestellten, erkennbar an der hohen Rückenlehne.

Ungewöhnlich wortreiches Zwischenspiel: Wilkhahn-Anzeige aus den frühen neunziger Jahren. Inzwischen ist man wieder zu einem pointierten Zusammenspiel von Produktbild und lapidarem Slogan zurückgekehrt.

dimensional verformten Alurahmen, nach Eimbeckhausen gekommen. Das Angebot, in die Wilkhahn-Design-Abteilung einzutreten, nahm er an, weil die Art, wie Design hier praktiziert wurde, ganz seinen Intentionen entsprach: „Mich haben immer Produkte interessiert, die komplex sind." Daß er dabei Dinge lediglich „im Sinne der externen Designer weiterzutreiben" hatte, hat ihn ebensowenig frustriert wie Franck. Versichern beide.

Überhaupt scheinen sich da Geistesverwandte in der Design-Auffassung („Wir sind beide keine Formpuristen", sagt Franck) wie im Temperament (ruhig, konzentriert) getroffen zu haben. Aus der Zusammenarbeit beim ersten internen Wilkhahn-Produkt, der 1978 begonnenen *FS*-Entwicklung, wurde eine Dauerpartnerschaft, die sich auch auf freiberuflicher Ebene bewährt. Franck verabschiedete sich von Wilkhahn 1993 in den aktiven Ruhestand, Sauer verließ das Unternehmen ein Jahr später, um an der Fachhochschule Hildesheim Produktdesign zu lehren. Ihr Œuvre-Verzeichnis seit *FS* kann sich inzwischen sehen lassen: Unter dem Firmenetikett Wilkhahn stehen darauf der Schreibtisch *Uno* (1982), das Seminar-Tischprogram *Thema* (1986), die Stühle *Lamina* (1984) und *Versal* (1990), das Polstermöbelprogamm *Cubis* (1990), die Banksysteme *Basis* (1983) und *Tubis* (1991, zuerst eingesetzt im neuen Münchner Flughafen und neuerdings auch im Mega-Airport Hongkong), das elegante Bürostuhlprogramm *Modus* (1994); dazu kommt das extrem variable Schreibtischprogramm *x-act* für Planmöbel (1996), mit dem sich, so der Saxophon spielende Jazz-Fan Franck, jedermann seinen Arbeitsplatz so zurechtrücken kann wie der Schlagzeuger

Als das Riesenreich China nach den Jahrzehnten der Kulturrevolution und der in sich gekehrten Betrachtungsweise seinen Blick gen Westen wandte, entdeckte es da Dinge, die durchaus nützlich sein konnten: Zum Beispiel den westlichen Bürostuhl als wesentliches Hilfsmittel des im Sitzen arbeitenden Teiles der Bevölkerung.

So kam es, daß schon 1985 die ersten unserer Bürostühle nach China kamen, um dort ihren Platz einzunehmen. Nicht als chromglänzende Symbole des gesunden Kapitalismus, sondern als schnörkellose Vertreter für gutes Sitzen.

Und als solche scheinen sie ihre Sache sehr gut gemacht zu haben: Heute, sechs Jahre später, versehen schon ein paar hundert von ihnen ihren Dienst im fernen China.

Das mag zwar angesichts von über einer Milliarde Einwohnern nicht viel sein, aber: Immerhin. Der Anfang ist gemacht. Und es ist eigentlich immer mehr daraus geworden.

Tochtergesellschaften zum Beispiel. In Österreich, in der Schweiz, in Spanien, Frankreich, England und sogar in Japan mit seinen so ganz anderen Sichtweisen und Sitzgewohnheiten. Oder Partnerschaften auf Lizenzebene. Wie in den USA. Oder in Australien, wo wir – in aller Bescheidenheit – die Nummer 1 im Markt sind. Und das vielleicht auch deshalb, weil auch hier so weit wie möglich mit landesüblichen Verfahren und Materialien gearbeitet wird. Wohlgemerkt, immer im Sinne des Erfinders.

Über 800 000mal in aller Welt: Die FS-Linie von Klaus Franck und Werner Sauer.

Denn auch wenn ein asiatischer FS zwei Zentimeter kleiner ist als sein europäischer Bruder, auch wenn ein australischer FS die Wolle für seine Bezugsstoffe von australischen Schafen bezieht: FS bleibt FS. Multikulturell und überall gleich gut.

Das ist gut für ihn und für unsere 33 anderen Partner, die rund um die Welt für eine gesunde Haltung zur und bei der Arbeit stehen.

Und dafür, daß man ziemlich weit kommen kann, wenn man klein anfängt und weniger in großen Zahlen denkt. Sondern vielmehr erstmal daran, daß in allen Kulturen und Erdteilen der Welt die Hinterteile gleich sind. Und das gleiche wollen: Einfach gut sitzen.

Wenn Sie jetzt wissen wollen, wie und wo Sie mit uns sitzen und arbeiten können und welche Möglichkeiten es da im einzelnen gibt, dann rufen Sie uns doch mal an: (0 50 42) 80 12 03.

Wilkhahn

Ob in Österreich (02 22) 894 2168, in der Schweiz (0 31) 21 11 65 oder in 35 anderen Ländern: Wo immer Sie sitzen – wir sind nicht weit. Wilkhahn, D-3252 Bad Münder 2 sein Instrument. Für Wilkhahn ist derweil das nächste Produkt, noch eine Geheimsache, in Arbeit.

Vom tüchtigen Anonymus zum Star-Designer – nicht eben eine klassische Designer-Karriere. Aber wenn man die *FS*-Geschichte rekapituliert, muß man sich ohnehin von einigen Klischees über das neuerdings so glamourös verklärte Design verabschieden. Tolle Visionen, wunderschöne Zeichnungen, geniale Auftritte in den Chefetagen – vergessen Sie's. Die Produktentwicklung von *FS* verlief anders. Ganz anders. Was Außenseiter besonders verblüfft: „Zunächst war völlig offen, wie der Stuhl letztlich aussehen sollte" (Franck). Erst nachdem sie das funktional-konstruktive A und O, die Position der Drehpunkte für die koordinierte Neigung von Sitz und Rückenlehne herausgefunden hatten, standen sie, so Sauer, „vor der schwierigen Frage: Wie entwickeln wir daraus die Gestaltung?" Denn eines war unumstößlich klar: „Wir wollten die Funktion im Erscheinungsbild sichtbar machen" (Sauer). In einem Heftchen, in dem die Designer die ersten Prinzipien für die Entwicklung eines neuen Stuhlprogramms niedergelegt haben, steht ausdrücklich: „konstruktives Ziel: innovative und intelligente Lösung der funktionalen Anforderungen"; als formale Richtlinie ist da festgehalten: „Durchdringung des Gesamtprodukts mit einheitlich gestalteten, sichtbaren Funktionselementen" – ein Anspruch, der im Laufe der Entwicklung auch einschneidende konstruktive Konsequenzen haben sollte.

Obwohl als Schreibtischstuhl entwickelt, sollte die *FS*-Linie auch diverse Varianten von Konferenz- und Besucherstühlen einschließen. Sie wurden als Freischwinger ausgebildet, für die „Familienähnlichkeit" sorgt die Sitzschale. Oben die Version mit hoher Rückenlehne aus den achtziger Jahren.

Die einschneidendste wurde sogar erst fällig, als der Stuhl bereits fertig war. Es war die totale Veränderung der Mechanik. Noch bei der Kölner Premiere gab es den *FS* nur mit Armlehne. Aus gutem Grund: Die Armlehne barg ein Federstahlband, das für den Gegendruck der Rückenlehne sorgte. Je weiter der Rücken sich nach hinten neigte, um so weiter öffnete sich der Winkel der Stahlfeder, die ihren einen Drehpunkt vorn unter der Sitzauflage und den zweiten direkt über dem Bügel am Rücken hatte. Ein mechanischer Stuhl ohne extra eingebaute Mechanik – die originelle, so einfache wie intelligente Lösung wurde sogar patentiert. Leider war sie nur bedingt normgerecht. Der DIN-verordneten Einstellbarkeit des Lehnen-Widerstands auf das Körpergewicht genügte diese Feder im großen mittleren Bereich zwar tadellos, aber die Extreme, „diese 50 Kilo einerseits und 100/110 Kilo andererseits, die haben wir halt nicht gepackt", bedauert Sauer.

Dazu kam ein Zweites: Um sämtliche Ebenen der Büro- und Stuhlhierarchie bedienen zu können, brauchte Wilkhahn auch die einfachste Ausführung, den Stuhl ohne Armlehne. Das bedeutete, eine andere mechanische Lösung mußte gefunden werden. Es war eine Schraubenfeder unter dem Sitz. Konsequenterweise wurde sie dann bei allen Modellen eingebaut. Die Armlehne behielt zwar ihre funktional optimale Form – kürzer als üblich, so daß man nahe an den Schreibtisch heranrücken kann –, sie folgt nun aber nur noch passiv der Bewegung. Eine gewisse Enttäuschung darüber, daß sie von der absoluten Form-Funktion-Technik-Deckungsgleichheit, damit auch von dem total bedienungsfreien und klassenlosen Stuhl Abschied nehmen und zuletzt doch auf eine versteckte Mechanik zurückgreifen mußten, ist beiden Designern noch heute anzumerken. Obwohl die Mechanik das Gesamter-

Das Modell mit normaler Rückenlehne wird heute noch produziert.

scheinungsbild des Stuhls so gut wie nicht veränderte, denn sie wurde so konzipiert, daß sie in einem ohnehin vorhandenen Element, der Verbindung von Mittelfuß und Sitzauflage, Platz fand. Ungeübte, mit der komplexen Konstruktion nicht vertraute Augen müssen schon eigens darauf hingewiesen werden, daß die Stühle, die am Ende der 1980 herausgebrachten Dokumentation *FS-Linie. Eine Idee wird zum Programm* abgebildet sind, noch nicht den endgültigen Stand repräsentieren.

Zur Erfolgsbilanz der *FS*-Linie gehört auch der repräsentative Einsatz in namhaften internationalen Institutionen. In Santiago de Compostela zum Beispiel wurde der Plenarsaal des galizischen Parlaments mit Hochlehnern vom Typ Chefsessel ausgestattet.

Um zu vermitteln, wieviel Kenntnis und Skepsis, Fleißarbeit und Phantasie, Routine und Wagnis, Selbstgewißheit und Selbstkontrolle nötig waren, um diese „klassische Industriedesign-Aufgabe" (Sauer) zu lösen, müßte man wohl am besten die Designer selbst seitenlang erzählen lassen. Denn bis sich aus der Idee das Produkt herauskristallisierte, bedurfte es zahlloser Entwicklungsschritte und Auseinandersetzungen mit den unterschiedlichsten Randbereichen, mit denen man als Nicht-Designer freilich erst vertraut gemacht werden müßte. Darum an dieser Stelle nur die maßgeblichen Stationen der langen und komplizierten Entwicklungsgeschichte:

Evolution eines Stuhls

Ungewöhnlich, doch bezeichnend für die Gründlichkeit und den Pragmatismus, mit denen Franck und Sauer ans Werk gingen, schon die Ouvertüre hier. Keine Stuhlentwürfe, keine Konstruktionszeichnungen, sondern zwei Schaubilder zur Marktposition von Wilkhahn; denn ein Hauptmotiv für die Entwicklung eines neuen Programms war der Wunsch des Unternehmens, das sich in den Siebzigern den oberen

Bereich des Büromarkts erschlossen hatte, seinen Marktanteil durch das Vordringen in den unteren bis mittleren Bereich zu vergrößern. Die Zahlen waren bekannt. Doch verblüffend: Nach gründlicher Sichtung des Materials kam Franck zu einem ganz anderen Bild als die Firmenleitung. Danach stellte sich der Markt, bezogen auf den Preis, nicht etwa wie eine Pyramide dar, sondern wie eine Zwiebel; das größte Volumen lag im mittleren Bereich.

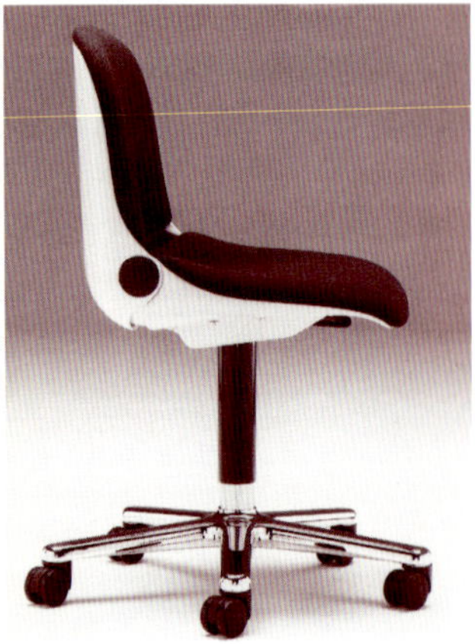

Mit dem vielfach ausgezeichneten Drehstuhl 232, entworfen von Wilhelm Ritz, begann für Wilkhahn 1970 „eine neue Phase der Profilierung" im oberen Bereich des Bürostuhlmarktes. Wilkhahn propagierte den zweischaligen Arbeitsstuhl mit dem signifikanten Punkt am Drehgelenk als „Bürostuhlalternative für jeden, der im Büro mehr sieht als nur einen Arbeitsraum".

Am Anfang der eigentlichen Entwurfsarbeit standen systematische Studien über Körperbau, Sitzhaltungen und alternative Stuhlkonstruktionen. Die ganze erste Phase der Entwicklung war dann konzentriert auf die Erfindung einer Synchronmechanik, die im Gegensatz zu den bereits vorhandenen Synchronmechaniken dafür sorgte, daß der Stuhl permanent, nicht erst auf Knopfdruck, der Bewegung des Sitzenden folgte. Die wichtigste Frage dabei: Wo liegen die Drehpunkte, über die die Neigung von Sitz und Lehne (die in etwa im Verhältnis eins zu zwei Grad erfolgt) gesteuert werden? Mit Hilfe von zahllosen Skizzen und Behelfsmodellen (so „häßlich", sagt Sauer, daß man sie niemandem zeigen konnte) fanden die Designer schließlich heraus, daß durch eine bestimmte Konstellation der Hauptdrehachse unter dem Sitz und des Drehpunktes unter der Sitzvorderkante in Verbindung mit einer gelenkig verbundenen Sitz- und Rückenschale ein gedachter, sogenannter virtueller Drehpunkt entstand – in einer sehr günstigen Position, die dem des menschlichen Hüftgelenks entspricht. Damit war die erste entscheidende Hürde genommen: Die Funktion war klar. Von Form noch keine Spur.

Das zweite Entwicklungsstadium stand im Zeichen der – ebenfalls innovativen – Idee, den Sitz aus einer einzigen, in der mittleren Zone flexibel gestalteten Schale zu schaffen; „also auch hier der Gedanke", sagt Sauer, „selbst bei einem einzelnen Bauteil möglichst viel Funktion in die Form zu integrieren und nicht ein zusätzliches Gelenk einzubauen". An einem lebensgroßen Versuchsgerüst mit Sitzschale und diversen Federn wurden schließlich Bewegungsabläufe und Lastenverteilung getestet. Danach folgte die Federarmlehne, und dann erst „entwickelte sich", wie Sauer sagt, der dem Lehnenverlauf folgende Schwenkarm, der letztlich zum dominanten Charaktermerkmal des Stuhls in allen seinen Varianten werden sollte. Diverse Versuche, diesen Bügel wie eine Sichel dem Schalenbogen anzupassen, wurden schließlich aus – man ahnt es schon – Prinzip verworfen. Sauer: „Die Sichelform hatte einen Nachteil: Sie verschwieg die Funktion." Ästhetischer Sensibilität verdankt man indessen die Tatsache, daß der Bügel sich von unten nach oben kontinuierlich, wenn auch minimal, um etwa vier Millimeter verjüngt. „Hätten wir den Durchmesser nicht verkleinert, wäre der Bügel", so Sauer, „plump geworden und hätte den Eindruck erweckt, daß er oben dicker ist."

Zuguterletzt schließlich „erfanden" die Designer, wie später bei der zwischen zwei Gabeln verspannten Rückenlehne des *Modus*-Stuhls, auch noch eine (wiederum patentierte) Finesse für die Polsterung; über einem Keder genannten Profil mit Stahlkern wird das gesamte Polster eingeschäumt und dann – ein Handgriff – über die Sitzschale geklickt. Damit ist auch die Erneuerung der Polster sozusagen ein Kinderspiel. *FS* also, ein hochkomplexes

Ein Vorläufer des „Bewegungssitzens" mit Synchronmechanik war das Wilkhahn-Programm 190 mit der dreiteiligen Sitzschale aus glasfaserverstärktem Polyester, Design PER, Roericht/Fleischmann, 1976. Die Mechanik funktionierte hier freilich noch auf Tastendruck und wurde in der Schale „versteckt".

klassisches Industriedesign, bei dem vom funktionalen Konzept bis hin zur Fertigungstechnik sämtliche Design-Aspekte in die Entwicklung Eingang fanden. Dabei kamen den Designern zweifelsohne die Erfahrungen ihrer vorangegangen Wilkhahn-Arbeit zugute. „Ohne das technische Know-how und die Materialkenntnisse, die wir bereits hatten", sagt Sauer, „hätte man dieses Produkt sicher nicht so machen können, wie wir es gemacht haben."

Im Herbst 1980 kam *FS* auf den Markt, im folgenden Jahr wurde der Stuhl bereits mit der Schraubenfeder unter dem Sitz ausgeliefert. Damit war der Fall für die Designer aber noch lange nicht erledigt. „Im Lauf der Jahre haben wir fast alle Bauteile technisch verändert. Wobei wir natürlich darauf geachtet haben, die Form zu erhalten" (Sauer). Optimierung Nummer eins: Der wie ein Rohr anmutende Schwenkarm, ein Aluminiumgußteil, erhielt einen bohnenförmigen Querschnitt – damit konnte man sich die Kunststoffkappe ersparen, die als Schutz gegen die inneren Rippen des ursprünglichen Bügels nötig war. Optimierung Nummer zwei: Um die Lehnenregulierung mit der Schraubenfeder zu erleichtern, wurde eine Doppelfeder eingebaut – eine für die Vorspannung, eine für die individuelle Feineinstellung. In den aktuellen Modellen wird die Federspannung nun nicht mehr mit einem Hebel, sondern mit einer Scheibe reguliert, und außerdem gibt eine Skala Auskunft über den jeweiligen Spanngrad. Optimierung Nummer drei: Nachdem der Federstahl überflüssig geworden war, wurde die Armlehne voll aus Polypropylen gefertigt und leicht umgestaltet. „Um die Funktion des Biegens über die Form herauszuarbeiten" (Sauer), ist die Unterseite

Werner Sauer (rechts) in der Fertigung mit dem Werkzeug zum Pressen der hochflexiblen Schale aus Polypropylen. Die einteilige Schale gehörte zu den aufsehenerregenden (und patentierten) Innovationen der *FS*-Linie.

heute in der Winkelzone leicht ausgekerbt. Ende der achtziger Jahre erhielt der Stuhl schließlich mit der runden Rückenlehne einen Vetter mit eckiger Lehne, ebenfalls in fast allen Typ-Varianten. Inzwischen ist die „Familie" um den eigentlichen Klassiker, das Modell 211/8, auf sage und schreibe 40 Mitglieder angewachsen.

1977 entwickelten Emilio Ambasz und Giancarlo Piretti den *Vertebra*, der bis heute von Castelli (Italien) und Krueger (USA) hergestellt wird. Der Stuhl des prominenten Designergespanns war Wilkhahn angeboten, aber von Wilkhahn-Chef Fritz Hahne als zu teuer abgelehnt worden.

Schon 1983 stellte die Wilkhahn-Werbung den *FS*-Stuhl selbstbewußt in eine Reihe mit den großen Klassikern des Möbeldesigns – Le Corbusier-Liege, Panton-Stuhl, Rietvelds *Red and Blue Chair*. Die folgenden Jahre brachten die Bestätigung des Slogans „Ein Klassiker werden kann nur, wer seiner Zeit voraus ist. Gottseidank.": *FS* wurde zum Best- und Dauerseller.

Dauerbrenner

FS – ein Design-Erfolg auf der ganzen Linie. Auch ökonomisch. Mit einem Schlag beendete die Novität die Krise, in die Wilkhahn in den siebziger Jahren geraten war. [26] Und was die Designer, bis dato eher No-names, besonders gefreut haben mag: Glänzend haben sie mit diesem Chef d'œuvre die Konkurrenz gegen zwei ganz Große ihrer Zunft bestanden. Just 1978 hätte nämlich Wilkhahn-Chef Fritz Hahne um ein Haar den bereits fertig entwickelten *Vertebra* von Emilio Ambasz und Giancarlo Piretti gekauft. Der Deal scheiterte schließlich an den, so Hahne, „happigen" Forderungen der Designer. [27] Ein Glück auch für Wilkhahn. Im nachhinein erwies sich die Eigenentwicklung nicht nur als funktional überlegen – eine typische Bürostuhl- und *Vertebra*-Schwäche war zum Beispiel der sogenannte Shirtpush- oder Hemdauszieh-Effekt, der entsteht, wenn sich der Sitz beim Zurücklehnen nach vorne schiebt. Auch kommerziell hat das *FS*-Programm den prominenten Konkurrenten weit hinter sich gelassen.

Die Ergonomie-Euphorie der siebziger Jahre ist inzwischen umgekippt. Nicht der Glaube an den optimalen Stuhl, der alle Leiden heilen kann, prägt heute das kritische Sitzbewußtsein, sondern ein tiefes Unbehagen an unser

Ein Klassiker werden kann nur, wer seiner Zeit voraus ist. Gottseidank.

aller Lieblingshaltung. Daß eine Ausstellung wie Hajo Eickhoffs *Sitzen* 1997/98 im Dresdner Hygiene-Museum, die das Sitzen durch und durch in Frage stellt, zum Publikumserfolg wird, ist symptomatisch für die Neunziger. Sogar in der Wilkhahn-Werbung spürt man den neuen Zeitgeist. Mit derselben Mischung von Kompetenz und Witz, mit der früher Slogans wie „Wilkhahn. Sitzt." oder „Sitzen ohne Führerschein" formuliert wurden, werden heute Skepsis und Paradoxien pointiert: „Sitzen macht krank!?", „Alles eine Frage der Haltung!?", „Alle Stühle sind gleich!?". Während Dauersitzer, geplagt vom eigenen Kreuz, heute eine originelle Sitzalternative nach der anderen erproben – Kniesitze, Stehsitze (wie Wilkhahns *Stitz*), Sitzbälle (von der AOK vertrieben) und sogar wieder kraß überzeichnete Sitzmaschinen (wie Herman Millers *Aeron*, Design Donald Chadwick und William Stumpf) –, behauptet sich der *FS*-Stuhl noch immer gegen alle Hoffnungsträger auf Zeit. Fast 20 Jahre nach seiner Entstehung funktioniert er selbstverständlich wie eh und je. Design: die hohe Kunst, das Vernünftige machbar zu machen.

Die Erkenntnis, daß Sitzen krank macht und zeitweilige Arbeit am Stehpult guttut, hat auch Wilkhahn zu einer spielerischen Alternative veranlaßt. 1991 brachte man die bewegliche Stehstütze *Stitz*, entworfen von Nick (Hans) Roericht, auf den Markt.

14 Jahre nach der *FS*-Einführung machten sich die Designer Klaus Franck und Werner Sauer bei Wilkhahn sozusagen selbst Konkurrenz: mit dem eleganten Bürostuhl *Modus* (1994), der wiederum prompt zu einem Markterfolg wurde.

Die komplette *FS*-Familie heute. 1981 mit elf Typen gestartet, umfaßt sie mittlerweile 40 Varianten. Das Kernstück, der eigentliche Klassiker, ist das Modell 211/8 (Drehstuhl mit rundem niedrigen Rücken und Armlehne), das heute DM 1350, kostet. Die teuerste Variante ist der ledergepolsterte Hochlehner 220/11 mit der in den achtziger Jahren hinzugekommenen eckigen Lehnenkontur, Preis: DM 5893.

Folgende Seite: Auch in Fernost „zu Hause": *FS*-Stühle in der Schalterhalle der Tokai Bank in Osaka.

Anmerkungen

1 *Moderne Klassiker. Möbel, die Geschichte machen.* Publikation der Zeitschrift *Schöner Wohnen*, 17. Aufl., Hamburg 1996. Vorwort, S. 5.
2 Elisabeth Pelegrin-Genel: *Büro. Schönheit, Prestige, Phantasie*. Köln 1996.
3 Charlotte und Peter Fiell: *1000 Chairs*. Köln 1997.
4 *Wilkhahn. Dokumente der Gestaltung*. Bad Münder 1992, S. 39.
5 U. Burandt: Grundlagen des Sitzens. Studie im Auftrag von Wilkhahn. Bad Münder 1978, S. 5.
6 DM, November 1991, S. 81.
7 Hajo Eickhoff: *Himmelsthron und Schaukelstuhl*, München 1993.
8 Ebenda, S. 151.
9 Hajo Eickhoff (Hg.): *Sitzen. Eine Betrachtung der bestuhlten Gesellschaft.* Katalogbuch zur gleichnamigen Ausstellung im Deutschen Hygiene-Museum, Dresden 1997, S. 141.
10 Siegfried Giedion: *Die Herrschaft der Mechanisierung. Ein Beitrag zur anonymen Geschichte*. Sonderausgabe, Frankfurt 1987, S. 440 ff.
11 Ebenda, S. 445.
12 Ebenda, S. 443.
13 Ebenda.
14 Klaus-Jürgen Sembach/Gabriele Leuthäuser/Peter Gössel: *Möbeldesign des 20. Jahrhunderts.* Köln o. J., S. 88.
15 Pelegrin-Genel, S. 62.
16 Christina Schwarzpaul in: *z.B. Stühle*, Gießen 1982, S. 44.
17 Burandt, S. 34.
18 Donald A. Norman: *Dinge des Alltags*. Frankfurt 1990, S. 203.
19 *form* 66, S. 44 und *form* 67, S. 38.
20 Kataloge if-Industrieform Hannover 1978, 1979 und 1980.
21 Burandt, S. 37.
22 Ebenda.
23 Eigenen Angaben zufolge beschäftigt Wilkhahn heute 520 Mitarbeiter in Einbeckhausen, weltweit ca. 600 Fachhandelspartner und Lizenznehmer in aller Welt.
24 *Wilkhahn. Dokumente der Gestaltung*, Bad Müncher 1992, S. 8.
25 Fritz Hahne: *Zwischen den Stühlen*. Bad Münder 1990, S. 107.
26 Ebenda, Seite 11.
27 Ebenda, Seite 117 ff.

Bibliographie

100 Masterpieces aus der Sammlung des Vitra Design Museums. Hrsg. von Alexander von Vegesack, Basel 1996

Burandt, U.: Grundlagen des Sitzens. Studie im Auftrag von Wilkhahn, Bad Münder 1978

Eickhoff, Hajo: *Himmelsthron und Schaukelstuhl. Die Geschichte des Sitzens.* München, Wien 1993

Eickhoff, Hajo (Hg.): *Sitzen. Eine Betrachtung der bestuhlten Gesellschaft.* Katalogbuch zur gleichnamigen Ausstellung des Deutschen Hygiene-Museums, Dresden 1997

211/2 Besucherstuhl
44 89
63 60

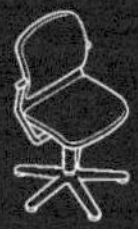

211/21 Besucherstuhl
44 89
63 60

211/6 Besucherstuhl
44 89
63 60

211/61 Besucherstuhl
44 89
63 60

212/5 Freischwinger
44 85
56 61

212/51 Freischwinger
44 85
56 61

213/4 Drehstuhl
42/53 105/116
63 60

213/41 Drehstuhl
42/53 105/116
63 60

211/4 Drehstuhl
42/53 88/99
63 60

211/41 Drehstuhl
42/53 88/99
63 60

211/8 Drehstuhl
42/53 88/99
63 60

211/81 Drehstuhl
42/53 88/99
63 60

213/8 Drehstuhl
42/53 105/116
63 60

213/81 Drehstuhl
42/53 105/116
63 60

217/62 Besuchersessel
44 93
65 63

217/61 Besuchersessel
44 93
65 63

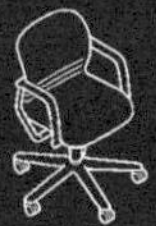

217/82 Drehsessel
42/52 88/98
65 63

217/81 Drehsessel
42/52 88/98
65 63

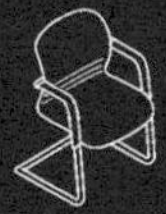

217/52 Freischwinger
42 84
60 62

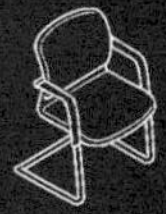

217/51 Freischwinger
42 84
60 62

217/92 Drehsessel
42/52 110/120
65 63

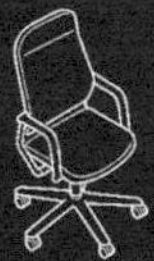

217/91 Drehsessel
42/52 110/120
65 63

214/6 Besuchersessel
43 89
65 66

214/61 Besuchersessel
43 89
65 66

214/8 Drehsessel
42/52 90/100
65 66

214/81 Drehsessel
42/52 90/100
65 66

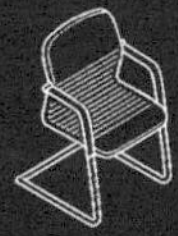

216/5 Freischwinger
44 85
60 66

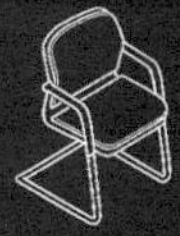

216/51 Freischwinger
44 85
60 66

215/8 Drehsessel
42/52 108/118
65 63

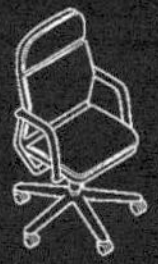

215/81 Drehsessel
42/52 108/118
65 63

220/6 Besuchersessel
42 92
67 63

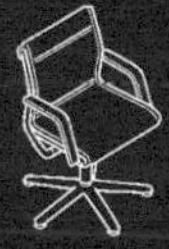

220/61 Besuchersessel
42 92
67 63

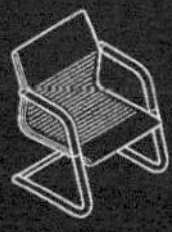

220/5 Freischwinger
40 85
63 62

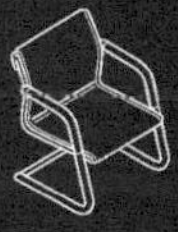

220/51 Freischwinger
40 85
63 62

220/7 Besuchersessel
42 108
67 63

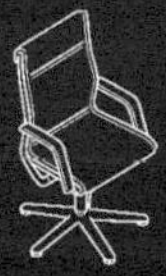

220/71 Besuchersessel
42 108
67 63

220/8 Drehsessel
42/52 92/102
67 63

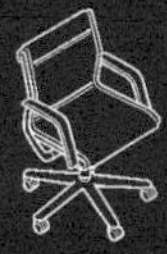

220/81 Drehsessel
42/52 92/102
67 63

220/9 Drehsessel
42/52 108/118
67 63

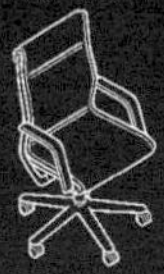

220/91 Drehsessel
42/52 108/118
67 63

Fiell, Charlotte und Peter: *1000 Chairs*. Köln 1997
Giedion, Siegfried: *Die Herrschaft der Mechanisierung. Ein Beitrag zur anonymen Geschichte*. Mit einem Nachwort von Stanislaus von Moos. Hrsg. von Henning Ritter. Sonderausgabe, Frankfurt 1987
Grandjean, Etienne: *Physiologische Arbeitsgestaltung. Leitfaden der Ergonomie*. 4. überarb. Aufl., Landsberg 1991
Hahne, Fritz: *Zwischen den Stühlen*. Bad Münder, 1990
Moderne Klassiker. Möbel, die Geschichte machen. Publikation der Zeitschrift *Schöner Wohnen*, 17. Aufl., Hamburg 1996
Pélegrin-Genel, Elisabeth: *Büro. Schönheit, Prestige, Phantasie*. Köln 1996
Sembach, Klaus-Jügen/Leuthäuser, Gabriele/Gössel, Peter: *Möbeldesign des 20. Jahrhunderts*. Köln o. J.
Wilkhahn. Dokumente der Gestaltung. Kat. zu der Ausstellung *Wilkhahn. Sitzt. Dokumente der Gestaltung* 1985 in Essen und Hannover. 3. erweiterte und im Format verkleinerte Auflage, Bad Münder 1992
z.B. Stühle. Ein Streifzug durch die Kulturgeschichte des Sitzens. Vom Thron zum Chefsessel. Vom Baumstumpf zum Designprodukt. Vom Küchenstuhl zum Kunststoffobjekt. Vom Heiligen- zum Feuerstuhl. Kat. zu der Ausstellung des Deutschen Werkbunds in Zusammenarbeit mit dem Badischen Kunstverein Karlsruhe und dem Kunstmuseum Düsseldorf. Red. Michael Andritzky, Gießen 1982

Bildnachweis

S. 11: Manufaktum, Marl; S. 18, S. 22, S.40: *form,* Zeitschrift für Gestaltung; alle anderen Abbildungen: Wilkhahn, Bad Münder, und Klaus Franck und Werner Sauer

Wilkhahn
Eimbeckhausen
Landerfeld 8
D-31848 Bad Münder
Fon +49 (0) 50 42 999 - 0
Fax +49 (0) 50 42 999 - 230

貸金庫
ローン

Service
Wir senden Ihnen gerne
unser Verlagsverzeichnis.

Verlag form.
Bücher und Zeitschriften
zum Thema Design.

Telefon +49 (0) 69 94 33 25-0
Telefax +49 (0) 69 94 33 25-25
e-Mail: form@form.de
http://www.form.de

Impressum

Herausgeber:
Volker Fischer

Redaktion:
Anne Hamilton

Gestaltung:
Sarah Dorkenwald,
Absatz, Gesellschaft für
Kommunikations-Design,
Frankfurt am Main

Litho:
Hans Altenkirch
Mediaproduktionen GmbH,
Nieder-Olm

Druck:
Color Druck, Leimen

Die Deutsche Bibliothek –
CIP-Einheitsaufnahme

Der Bürodrehstuhl von Klaus Franck
und Werner Sauer / Elke Trappschuh. -
Frankfurt am Main : Verl. form, 1998
(Design-Klassiker ; 14)
Engl. Ausg. u.d.T.: The office swivel
chair by Klaus Franck and Werner Sauer
ISBN 3-931317-24-2